Las 5S en formato estándar

Estos requerimientos están basados en
los 5 pilares del área de trabajo visual de
Hiroyuki Hirano

PEDRO ALBERTO SANTANA MELÉNDEZ

Caracas, Venezuela

Coordinación editorial: Nelson Cordido
Corrección de estilo: Ninoska Adames

ISBN-10:1539802000
ISBN-13:9781539802006

AGRADECIMIENTOS

Este libro es muy especial para mí no solo por ser el primero de muchos sino es la consecuencia de años de maduración producto de la experiencia de vivir a diario y compartir con muchas personas con diversidad de pensamiento. Por ello, doy gracias a mis Padres, Judith y Pedro, por el inmenso amor, la educación y los altos valores de vida que me han dado y siguen dando. A mi hermana Keyla, por su amor y apoyo incondicional. A mi sobrino Sebastián por ser fuente de alegrías para mi familia y próximo heredero de esos valores que me han inculcado, a mi abuela y a mi tío Juan que desde el cielo me protegen. También debo agradecer aquellos que han perfeccionado mi personalidad, la esencia de lo que soy como los maestros y profesores del Colegio San Francisco de Asís en Ciudad Bolívar, a los maestros y profesores del Colegio San José HH Maristas de mi querida Maracay y a los profesores del antiguo IUPFAN, Núcleo Maracay.

De igual manera debo reconocer en estos más de 20 años de carrera profesional a mis jefes: Clodoveo, Rubén, Leandro, Maccio, Aquiles, Alejandro, Jorge (en paz descanse), Eberth y Leticia que sembraron frescas e innovadoras ideas en mi pensamiento. Un reconocimiento especial a todos mis compañeros de trabajo, amigos y al Sensei Martin.

Agradezco a Costa Rica y a DEL ORO, por la oportunidad que me han dado de acogerme en su cultura y organización, y permitirme seguir desarrollándome.

Por último y no menos importante, doy muchas gracias a Dios, por ser fuente de mucha fe y constancia, por escucharme y darme tanto dones y gracias.

Muchas gracias a Todos.

Contenido

PEDRO ALABERTO. SANTANA MELÉNDEZ

PRÓLOGO

Me animé a escribir este libro como el comienzo de una serie de ellos que busca esclarecer los secretos de la metodología de las 5S, de forma clara y sencilla. Los demás libros y documentos se esmeran en explicar cada uno de los pilares dando ejemplos y haciendo comentarios, pero no esclarecen ni dejan entender qué requerimientos básicos se necesitan cubrir para tener cada una de las S –Seiri (Selección), Seiton (Orden), Seiso (Limpieza), Seiketsu (Estandarización) y Shitsuke (Disciplina)- bien implementadas. Dada mi experiencia como auditor líder, me parece interesante en una primera instancia presentar dichos requerimientos en forma de un estándar o norma señalando los *debes* necesarios para cumplir con la metodología.

> Las 5S (…) pretenden facilitarle un profundo conocimiento que puede utilizar para hacer del trabajo más limpio y seguro, y su trabajo más simple y satisfactorio. Trata de la creación de estaciones de trabajo (oficinas) organizadas, libres de elementos inútiles, organizadas de modo que se encuentren fácilmente las cosas y cuya limpieza salte a la vista. Un lugar en el que cualquiera estará orgulloso de trabajar.
>
> HIROYUKI HIRANO

Este documento es un estándar para la implementación de la metodología de las 5S. Describe los requerimientos en forma muy general para la implementación y el sostenimiento de la metodología en áreas como oficinas, bodegas o almacenes, talleres de reparación y servicios, comedores y estaciones de trabajo ubicadas a lo largo y ancho de las líneas de producción.

Uno de los modos más efectivos de utilizar este documento es leerlo y discutirlo con los empleados y obreros en reuniones de grupo en las mismas áreas de trabajo, incentivando la generación de ideas o creatividad para traducir el requerimiento general en aspectos específicos de su área. Otra recomendación importante a considerar es el uso de recursos propios, humanos y materiales para el desarrollo y ejecución de las ideas. La implementación de la metodología está enmarcada en una planificación y programación de las tareas a ejecutar en un tiempo determinado, pero luego de la implementación, la consolidación será producto de la asimilación y puesta en práctica de los conocimientos adquiridos por cada miembro de la organización en forma de un hábito cotidiano.

No espere resultados de manera inmediata ya que con la metodología de las 5S se está buscando, además, el cambio de mentalidad en cada uno de los miembros de la organización en la manera de conceptualizar el trabajo de forma que contribuya a mejorar el clima organizacional de la empresa. Estos cambios no son de un día a otro, no espere que una persona cambie ya, ¡ojalá!, se necesita mucho conocimiento, conciencia, motivación, compromiso, paciencia y constancia para comenzar a ver resultados a mediano plazo y la consolidación a largo plazo. Eso sí, recuerde: "Tarde o temprano la disciplina vencerá a la inteligencia" (Yokhoi Kenji).

INTRODUCCIÓN

Mejorar y mantener las condiciones de la Organización, el Orden y la Limpieza en el lugar de trabajo, no es una mera cuestión de estética. Se trata de mejorar las condiciones de trabajo, de seguridad, el clima laboral, la motivación del personal y la eficiencia y, en consecuencia, la calidad, la productividad y la competitividad de la organización. Las 5S, aplicado en el ámbito de las empresas, tiene como objetivo fundamental elevar la calidad de vida en el trabajo, para lo cual utiliza como estrategia fundamental una metodología muy sencilla para crear un entorno de trabajo ordenado, limpio y seguro, en el que se facilita la realización de las tareas cotidianas, y se generen productos y servicios con calidad y bajos costos.

Requiere que las personas se concentren en realizar las tareas que generan valor, eliminando de plano las que no lo agregan, como buscar las cosas que no están en su sitio, repetir un trabajo, hacer lo que no se tiene que hacer, entre otras. La adecuada implementación requerirá voluntad, constancia y convencimiento de que es posible abandonar una situación caótica y crear un lugar de trabajo del que esté orgulloso. Se debe estar convencido de que se puede lograr, ya que por más sencilla que parezca esta técnica, seguramente pondrá en frente a la difícil situación de vencer costumbres muy arraigadas en las personas. La recompensa es muy grande, sin ninguna duda.

Las 5S son las iniciales de cinco palabras japonesas que nombran a cada una de las cinco fases que componen la metodología:

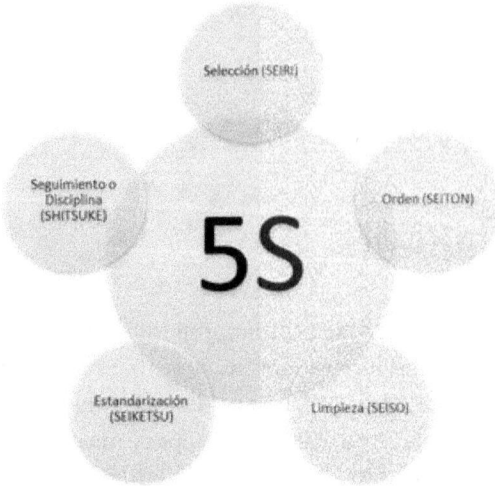

No es un gasto ni una inversión, es una manera distinta y mejor de trabajar. La metodología de las 5S es simplemente un cambio de hábitos de las personas que integran la organización que necesita un alto grado de madurez (cultural-organizacional) que solo se logra mediante el liderazgo y altos niveles de motivación.

El mayor beneficio que pueden las organizaciones obtener de las 5S es un cambio de cultura. Más que contabilizar cuánto se gasta en las 5S, resulta mejor medir en qué grado las 5S se han convertido en un hábito en la rutina diaria de todos los colaboradores que deben asumirlo como algo propio, no como otra tarea más.

REQUERIMIENTOS GENERALES PARA LA APLICACIÓN DE LA PRIMERA S: SELECCIÓN

 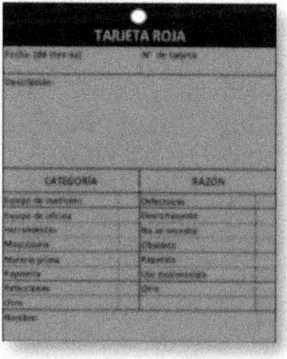

Solo lo que se necesita, solo la cantidad necesaria y solo cuando se necesita

1.   DEFINICIÓN

1.1.   La Selección significa retirar de las estaciones de trabajo todos los elementos que no son necesarios para las operaciones de producción o de oficinas corrientes.

2. BENEFICIOS

2.1. Al retirar los elementos innecesarios quedará un mayor espacio libre, lo que incrementa la flexibilidad en el uso del área de trabajo.

2.2. Menos accidentes.

3. REQUERIMIENTOS PARA CUMPLIR CON LA SELECCIÓN

3.1. Un elemento debe ser calificado como necesario por la cantidad, por su utilidad para realizar el trabajo previsto en el área de trabajo y la frecuencia con que se necesite, de lo contrario deber ser clasificado como innecesario.

3.2. Se debe calificar como elemento innecesario los siguientes: herramientas inservibles, máquinas obsoletas, piezas rotas sobrantes, recipientes vacíos y rotos, restos de madera, materias primas, productos descontinuados y defectuosos, contenedores, estantes, tarimas, revistas, libros, catálogos y documentos obsoletos, basura, artículos que no se requieren en el proceso, oficinas, construcciones, tuberías, cableado y tableros eléctricos inservibles. Cantidades en exceso de papelería, pequeñas piezas, medios de limpieza viejos, equipos eléctricos con cableado roto, afiches, posters, calendarios, señalizaciones y pizarras fuera de uso, equipos para emergencias estropeados, entre otros.

3.3. Se debe retirar los elementos fuera del área de trabajo que no se utilizaran en los próximos siete días que generen gastos innecesarios de personal, de transporte (montacargas), de movimientos (medido en pasos) y de falta de espacio.

3.4. Si el elemento es necesario en cantidad limitada, el exceso debe desecharse o almacenarse fuera del área de trabajo.

3.5. Los grandes equipos costosos de mover deben dejarse donde están durante un tiempo, acordado entre las partes interesadas, a menos que interfiera con las actividades diarias de producción o impida las mejoras de la planta. Estos equipos deben estar identificados y la identificación debe señalar el tiempo acordado.

3.6. Los elementos personales tales como carteras, adornos, estatuillas, portarretratos, y otros de uso particular deben estar fuera del área de trabajo. Se recomienda que en las áreas de oficina las partes interesadas acuerden una cantidad máxima, no más de tres de elementos personales es aconsejable.

Lista de verificación

1.0.	Selección	Sí	No
1.1.	¿Los objetos en el área de trabajo son necesarios, es decir, se usan frecuentemente y en cantidades razonables?		
1.2.	¿Los objetos que no se utilizaran en los próximos 7 días están fuera del área de trabajo?		
1.3.	¿Los materiales sobrantes de los objetos necesarios son desechados o almacenados fuera del área?		
1.4.	¿Los objetos costosos de mover están identificados y se señala el tiempo límite para salir del área?		
1.5.	¿Los objetos necesarios personales se ajustan a las cantidades permitidas?		

PEDRO ALABERTO. SANTANA MELÉNDEZ

REQUERIMIENTOS GENERALES PARA LA APLICACIÓN DE LA SEGUNDA S: ORDEN

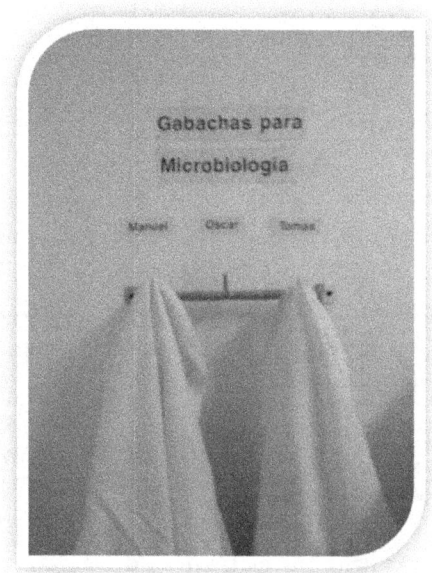

Un lugar para cada cosa y cada cosa en su lugar

1.   DEFINICIÓN

1.1.   El Orden implica ordenar los elementos necesarios de modo que sean de uso fácil y etiquetarlos o señalizarlos de manera que cualquier persona pueda encontrarlos, tomarlos para su uso o devolverlo a su lugar.

1.2. Un control visual es cualquier medio de comunicación usado en el entorno de trabajo que informa de una ojeada cómo debe hacerse el trabajo.

2. BENEFICIOS

2.1. Con el número mínimo necesario de elementos, el Orden ayudará a disponerlos según su uso como corresponde para minimizar el tiempo de búsqueda, el transporte, los movimientos y optimizar el esfuerzo.

2.2. Mayor facilidad para controlar los inventarios visualmente.

2.3. Menos accidentes.

3. REQUERIMIENTOS PARA CUMPLIR CON EL ORDEN

3.1. LOCALIZACIONES APROPIADAS

3.1.1. La localización de los elementos necesarios debe planificarse para minimizar los movimientos o traslados de personas, equipos, piezas y herramientas.

3.1.2. La disposición y localización de los elementos no deben obstaculizar el flujo de trabajo.

3.1.3. Se debe localizar los elementos de la estación de trabajo de acuerdo a su frecuencia de uso:

3.1.3.1. Los elementos usados con más frecuencia se deben colocar cerca del lugar de uso. Determinar los lugares de almacenamiento según el tiempo de utilización: dejar a mano lo que se utiliza diariamente, un poco más lejos lo semanal, mensual, anual. Otro ordenamiento podría ser por tamaño, por peso, por proveedor, entre otros.

3.1.3.2. Los elementos usados con menos frecuencia se deben almacenar fuera del lugar de uso.

3.1.4. Si los elementos se usan juntos deben usarse juntos, y en la secuencia con la que se usan.

3.1.5. Se debe almacenar juntas las herramientas que sirven para funciones similares.

3.1.6. Se deben almacenar juntas las herramientas que se usan en el mismo producto o servicio.

3.2. IDENTIFICAR Y/O SEÑALIZAR LAS LOCALIZACIONES

3.2.1. La localización de los elementos necesarios debe identificarse con colores, contornos, letreros, tarjetas, etiquetas o señales de su localización. Cada elemento, de ser necesario, debe tener un nombre, un espacio y cantidades designadas. Se debe especificar no solo la ubicación, sino también el número máximo de unidades que se deja, si es necesario controlar las cantidades. Deben señalizarse la localización de los almacenajes de materias primas o productos en proceso y final, mesas de trabajo, cajas de herramientas, contenedores de basura, dirección de los pasillos y áreas que deben utilizarse para colocar piezas o equipos.

3.2.2. La localización de los elementos necesarios en racks, estantes o gavetas de áreas operativas como almacenes, talleres y estaciones de trabajo deben identificarse o señalizarse. En las áreas administrativas, solamente si el usuario o el elemento necesario lo requiere, los artículos en estanterías o racks deben ordenarse, mediante claves numéricas o alfanuméricas.

3.2.3. Se debe señalizar con pintura o cinta adhesiva especial la localización de aquellos elementos necesarios que están en los pasillos y sobre los pisos.

3.2.4. Los pasillos deben estar señalizados y facilitar un paso fluido y seguro de elementos necesarios, teniendo la anchura suficiente evitando giros y cambios abruptos. Deben señalizarse las salidas de emergencias, las áreas de almacenaje de materia prima, insumos o productos, las áreas de estacionamiento y las áreas peligrosas.

3.2.5. Deben estandarizarse los colores de pintura y los colores deben ser brillantes. Tomar en cuenta la legislación nacional al respecto, sobre todo para la identificación de tuberías y equipos para emergencias.

3.2.6. Para que las herramientas estén al alcance de la mano, sean fáciles de recoger y de regresar a su sitio, se debe pintar o dibujar las siluetas sobre la superficie donde deben guardarse, lo que facilita saber cuándo están en uso.

3.2.7. Los envases o contenedores de productos químicos utilizados como materia prima, para lavado, limpieza o desinfección deben estar identificados con el triángulo de riesgo NFPA (National Fire Protetion Asociation).

Lista de verificación

2.1.	Orden: Localización	Si	No
2.1.1.	¿Los objetos necesarios tienen una localización que no obstaculiza el flujo de trabajo, es decir, minimizan los movimientos y traslados de personas, productos, materia prima, piezas y herramientas, papelería y documentos?		
2.1.2.	¿Los objetos necesarios utilizados con mayor frecuencia están almacenados cerca del área de trabajo?		
2.1.3.	¿Los objetos necesarios utilizados con menor frecuencia están almacenados fuera del área de trabajo?		
2.1.4.	Los objetos necesarios que deben estar juntos, es decir, que cumplen funciones similares o se utilizan con el mismo		

	producto y/o servicio, ¿están juntos y ordenados secuencialmente?		
2.1.5.	¿Los herramentales y los productos de limpieza están almacenados en lugares en los que sea fácil encontrarlas, utilizarlas y devolverlas?		
2.2.	**Orden: Identificación**		
2.2.1.	¿La localización de los objetos necesarios está identificada?		
2.2.2.	¿La identificación de los objetos necesarios indica el nombre y cantidades, máximos y mínimos?, si es necesario.		
2.2.3.	¿Las gavetas o estantes están identificadas?		
2.2.4.	¿Están identificados los objetos necesarios que están en los pasillos y sobre los pisos?		
2.2.5.	¿Los pasillos están identificados?		
2.2.6.	¿Los pasillos facilitan un paso fluido y seguro?		
2.2.7.	¿Están identificadas las salidas de emergencia, las áreas de almacenajes y las áreas peligrosas?		
2.2.8.	¿Las señalizaciones y los colores de pintura respetan la regulación actual?		
2.2.9.	¿Las tuberías y los equipos para emergencias están identificados?		
	¿Las herramientas de trabajo o de oficina son fáciles de recoger y regresar a su		

2.2.10.	sitio?		
2.2.11	¿Los envases o contenedores de productos químicos utilizados como materia prima, para lavado, limpieza o desinfección están identificados con el triángulo de riesgo NFPA?		

REQUERIMIENTOS GENERALES PARA LA APLICACIÓN DE LA TERCERA S: LIMPIEZA

Programa de Limpieza

Área / Depto.: _____ Contabilidad y Finanzas

ÁREA / EQUIPO	ACTIVIDAD	RESPONSABLE	FRECUENCIA
Archivo activo	Barrer y limpiar	Juan González / Martin Sánchez	Diario
Impresoras	Limpiar	Juan González / Martin Sánchez	Diario
Pisos	Barrer y limpiar	Juan González / Martin Sánchez	Diario
Papeleras	Vaciado	Juan González / Martin Sánchez	Diario
Archivadores individuales	Limpiar	Usuario	Interdiario
Archivo Móvil	Barrer y limpiar	Juan González / Martin Sánchez	Interdiario
Computadora	Limpiar	Usuario	Interdiario
Escritorio	Limpiar	Usuario	Interdiario
Estantes área común	Limpiar	Juan González / Martin Sánchez	Interdiario
Papeleras	Lavar	Juan González / Martin Sánchez	Quincenal (Jueves)
Puertas de Madera	Limpiar y abrillantar cera/laca	Juan González / Martin Sánchez	Quincenal (Martes)
Rejillas del aire acondicionado	Limpiar	Carlos Domínguez	Quincenal (Jueves)
Vidrios externos	Limpiar	Juan González / Martin Sánchez	Quincenal (Miércoles)
Vidrios internos	Limpiar	Juan González / Martin Sánchez	Quincenal (Martes)
Cielo raso	Revisión y/o Reemplazo	Serv. Gen. Electricista	Mensual
Luminarias	Limpiar y revisión	Serv. Gen. Electricista	Mensual
Sillas	Lavar	Juan González / Martin Sánchez	Mensual (Semana 2)
Aire acondicionado	Limpieza	Carlos Domínguez	Trimestral

El lugar más limpio no es el que más se asea sino el que menos se ensucia

1.   DEFINICIÓN

1.1.   Es el componente que demanda la retirada del polvo, las limaduras y la suciedad de la estación de trabajo. La Limpieza también significa inspección.

2.   BENEFICIOS

2.1.   Un ambiente agradable que influye en la motivación de todo el personal.

2.2.   Máquinas y equipos bien mantenidos, lo que se corresponde con costos bajos de mantenimiento correctivo y bajos porcentajes de materiales defectuosos.

2.3.   La reducción de las fuentes de contaminación de materiales, lo que influye en los bajos costos por desperdicios.

2.4.   Buena visibilidad para detectar fallas antes de que se tornen graves, lo cual influye en la buena calidad y en menores costos.

2.5.   Menos accidentes.

3.   REQUERIMIENTOS PARA CUMPLIR CON LA LIMPIEZA

3.1   La limpieza diaria debe enseñarse como un conjunto de pasos y reglas que los empleados aprenden a mantener con disciplina.

3.2   La limpieza debe practicarse diariamente y debe ser orientada para no requerir mucho tiempo.

3.3   La limpieza abarca las tres siguientes categorías:

3.3.1. Los elementos de almacén o bodega: papelería, materiales, piezas que vienen de los proveedores, piezas fabricadas internamente, componentes ensamblados, productos semiacabados y terminados.

3.3.2. El equipo incluye maquinas, herramientas generales, instrumentos de medición, mesas de trabajo, carteleras, pizarras, carro con ruedas giratorias, equipo de oficina y equipos de repuestos.

3.3.3. El espacio se refiere a suelos, áreas de trabajo, pasillos, paredes, pilares, techos, ventanas, estantes, cuartos de servicios, salas y luces.

3.4   La limpieza de cada estación o área de trabajo debe ser una responsabilidad de todos los que trabajan en ella. No es aconsejable subcontratar las tareas de limpieza en los procesos clave de la organización (está demostrado que cuando existen grupos de personas contratadas para las actividades de ordenamiento y limpieza, es altamente probable que el personal estable se desentienda de esas tareas).

3.5   Los herramentales y los productos de limpieza deben almacenarse en lugares en los que sea fácil encontrarlos, utilizarlos y devolverlos.

3.6   En el caso de las áreas de planta, la limpieza debe ser realizada acorde a lo establecido en el programa maestro de limpieza y los procedimientos o instructivos de limpieza y sanitización de los equipos (ssop), en general, de acuerdo con los estándares de calidad, inocuidad, salud ocupacional y ambiente establecidos dentro de la organización. En el caso de las oficinas queda a discreción del ocupante o de los ocupantes acordar un plan de limpieza que establezca las áreas, la frecuencia y los responsables que permitan mantener el área visiblemente ordenada y limpia.

3.7   Siempre que sea posible, el ocupante o los ocupantes de las áreas de trabajo deben reparar o mejorar cualquier problema que se haya descubierto durante la inspección/limpieza. En caso contrario que el problema no pueda resolverse inmediatamente por sí mismo, entonces se debe generar una solicitud de mantenimiento.

Lista de verificación

3.0.	Limpieza	Sí	No
3.1.	¿Se planifica y se programan las actividades de limpieza de los objetos necesarios y el sitio donde se encuentran, incluyendo su entorno?		

3.2.	¿Las actividades de limpieza establecen los métodos, las frecuencias y los responsables de realizarlas?		
3.3.	¿Se cumplen con las actividades de limpieza de acuerdo con lo establecido?		
3.4.	¿Las partes interesadas están entrenadas para cumplir con las actividades de limpieza?		
3.5.	¿Las actividades de limpieza se adaptan y cumplen con los estándares establecidos por la organización: calidad, salud ocupacional, inocuidad y ambiente?		
3.6.	¿Se detectan y reparan las fallas encontradas durante la limpieza?		

REQUERIMIENTOS GENERALES PARA LA APLICACIÓN DE LA CUARTA S: ESTANDARIZACIÓN

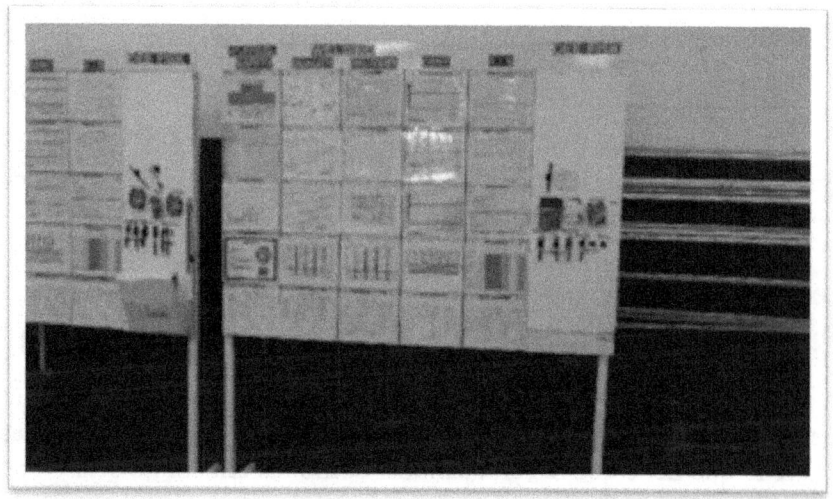

Di lo que haces, haz lo que dices y demuéstralo

1.   DEFINICIÓN

1.1.   La Estandarización se define como la creación de un modo consistente para ejecutar tareas y procedimientos, es decir, el estado que existe cuando las tres primeras S, Selección, Orden y Limpieza, se mantienen apropiadamente a lo largo del tiempo. El propósito básico de la Estandarización es evitar retrocesos (recaídas) en las tres primeras S.

2. BENEFICIOS

2.1. Evita que las condiciones vuelvan a los viejos e indeseables niveles, incluso después de una campaña de implementación de las cinco S.

2.2. Impide que al final de cada día se dejen pilas de elementos innecesarios utilizados en la producción del día, dispersos alrededor de las estaciones de trabajo u oficina.

2.3. Evita que los lugares de almacenaje de herramientas se desorganicen y deban ponerse en orden al final del día.

2.4. Imposibilita que las limaduras de corte caigan constantemente sobre el suelo y tengan que barrerse.

2.5. Incluso, después de implantar la Selección y el Orden, evita que los empleados administrativos empiecen a acumular más artículos de oficina de los que necesitan.

3. REQUERIMIENTOS PARA CUMPLIR CON LA ESTANDARIZACIÓN

3.1 Para mantener las condiciones de las 5S, se debe asignar personas que conozcan exactamente cuáles son las responsabilidades sobre lo que tiene qué hacer, cuándo y cómo hacerlo. Si no se asignan a las personas tareas claras relacionadas con sus lugares de trabajo, la Selección, el Orden y la Limpieza tendrán poco significado. En caso de planta siempre referirse acorde a lo establecido en el programa maestro de limpieza o estándares de calidad, inocuidad, salud ocupacional y ambiente. En el caso de oficinas, bodegas y talleres, cada usuario es responsable de la estación de trabajo asignada.

3.2 Las tres primeras S: Selección, Orden y Limpieza deben ser parte del flujo normal de los trabajadores que integran la organización. Los trabajadores deben empoderarse de las 5S, para ello, deben documentar las reglas específicas de su área o estación de trabajo para mantener el orden y la limpieza. Estas reglas deben ser del conocimiento de cualquier persona antes de emprender una tarea en el área y visibles al público, ejemplos: afiches, posters. Deben ser actualizadas periódicamente e indicar su revisión.

3.3   Deben realizarse auditorías periódicas para evaluar el nivel o las condiciones de las 5S.

3.4   Cada área debe designar y entrenar a los auditores que evaluaran los requerimientos establecidos en este documento.

3.5   Cada área debe reportar la calificación obtenida en las auditorías a las personas que trabajan en ella, y estas son de carácter público. Cada área debe tener un sistema de información como pantallas, carteleras o pizarras donde se publiquen los resultados de la auditorias, los logros más importantes, reconocimientos e información sobre el programa 5S.

3.6   Se debe prevenir que el mismo problema se presente una y otra vez. Se debe encontrar la fuente del problema y tomar acciones a través de la mejora para evitar la recurrencia. Use los 5 porqués.

3.7   Se debe evitar que las cosas se ensucien. Deben detectarse, repararse o eliminarse las fuentes de contaminación. Use los 5 porqués.

3.8   Las instrucciones sobre las tres primeras S deben ser claras para los proveedores, contratistas y clientes externos e internos.

Lista de verificación

4.0.	Estandarización	Sí	No
4.1.	¿Están documentadas las reglas del área de trabajo u oficina para mantener la Selección, el Orden y la Limpieza?		
4.2.	¿Las reglas del área de trabajo u oficina para mantener la Selección, Orden y Limpieza están		

	visibles al público?		
4.3.	¿Las partes interesadas del área de trabajo u oficina están en conocimiento de las reglas del área de trabajo u oficina para mantener la Selección, el Orden y la Limpieza?		
4.4.	¿Se realizan auditorías de manera periódica?		
4.5.	¿Los auditores están entrenados para evaluar los requerimientos de la metodología?		
4.6.	¿Cada área reporta la calificación obtenida en las auditorías a las partes interesadas, estas son de carácter público y están publicadas?		
4.7.	¿Se toman acciones para la mejora y evitar la recurrencia de los problemas?		

REQUERIMIENTOS GENERALES PARA LA APLICACIÓN DE LA QUINTA S: DISCIPLINA

Lo difícil no es llegar, sino mantenerse

1. DEFINICIÓN

1.1. La Disciplina significa tener el hábito de ejecutar y mantener correctamente las reglas establecidas y acordadas.

2. BENEFICIOS

2.1. Previene que los elementos innecesarios empiezan a acumularse tan pronto se ha completado la Selección.

2.2. Obliga a que las herramientas se devuelvan a los lugares designados después de usarlas.

2.3. El equipo se ensucia, pero hay el compromiso para limpiarlo.

2.4. Toma de conciencia, previniendo que las personas se tropiecen y se caigan cuando los elementos necesarios se colocan en las zonas designadas en los pasillos,

2.5. Previene que las maquinas sucias o inapropiadamente lubricadas empiecen a funcionar mal y produzcan artículos defectuosos.

2.6. Advierte de lugares de trabajos sucios, mal iluminados y desorganizados que rebajan la moral de los empleados.

3. REQUERIMIENTOS PARA CUMPLIR CON LA DISCIPLINA

3.1. Tanto usted como la organización deben crear las condiciones o estructuras que promuevan la Disciplina.

3.2. Debe incorporarse las 5S como un hábito y una buena práctica laboral en la rutina diaria regular de cada colaborador de la organización, en el marco de un programa planificado y monitoreado por las partes interesadas y la alta dirección.

3.3. La dirección debe apoyar los esfuerzos para la práctica de las 5S, en lo que se refiere a reconocimiento, liderazgo y recursos.

3.4. La práctica de las 5S debe promover de manera grata y satisfactoria el clima y la organización.

3.5. En relación al rol de la dirección y mandos de la empresa, deben:

3.5.1. Enseñar con el ejemplo y demostrar el compromiso de la empresa para la implementación de las 5S.

3.5.2. Educar a los empleados sobre los conceptos, las herramientas y las técnicas de las 5S.

3.5.3. Crear equipos para la implementación de las 5S.

3.5.4. Asignar tiempo para la práctica de las 5S y crear programas para este trabajo.

3.5.5. Facilitar los recursos para la implementación de las 5S.

3.5.6. Promover la creatividad de todos los colaboradores, escuchando sus ideas y actuando sobre ellas.

3.5.7. Celebrar los logros y esfuerzos mediante reconocimientos, festejos, entre otros.

3.5.8. Promover la continuidad de las actividades de las 5S.

3.6.   En relación al rol de los colaboradores, deben:

3.6.1. Participar activamente en los cursos, en las reuniones y en los eventos sobre las 5S con espíritu crítico.

3.6.2. Retroalimentar a sus compañeros sobre la práctica de las 5S, mediante la actualización de los indicadores, realización de auditorías y mantenimientos de las pantallas, carteleras o pizarras colocadas en las áreas de trabajo.

3.6.3. Tomar la iniciativa para diseñar formas de implementar las 5S en el trabajo regular diario.

3.6.4. Pedir al mando del área el apoyo o los recursos que se necesitan para implementar las 5S.

3.6.5. Presentar a los mandos o director sus ideas creativas para promover o implementar las 5S.

3.6.6. Participar plenamente en la promoción de las 5S como eslóganes 5S, posters, paneles de historias y muestras de fotografías de las 5S, boletines 5S, mapas 5S, manuales de bolsillo 5S, carteleras o pizarras, visitas 5S a departamentos, día o mes de las 5S, seminarios, entre otros.

Lista de verificación

5.0.	Disciplina	Sí	NO
5.1.	¿La dirección promueve la 5S, es decir, apoya los esfuerzos para la práctica de la 5S, en lo que se refiere a reconocimiento, liderazgo y recursos? (Esto solo corresponde evaluarlo al jefe de área)		
5.2.	¿Las partes interesadas están entrenadas en las 5S?		
5.3.	¿Las 5s contribuyen al mejoramiento del clima organizacional?		
5.4.	¿Se organizan cursos, seminarios, talleres, concursos, premiaciones, exposiciones, intercambios empresariales, entre otros, que involucren a los empleados de organización?		
5.5	¿La documentación relacionada con las 5S está revisada y/o actualizada?		
5.6	¿Se ha recibido reconocimientos externos de otras organizaciones por orden y limpieza?		
5.7	¿Las evaluaciones de la última semana están publicadas y visibles al público?		

PEDRO ALBERTO SANTANA MELÉNDEZ

Pedro Alberto Santana Meléndez, nacido en Caracas Venezuela, Ingeniero Aeronáutico con Maestrías en Ingeniería Industrial y Administración de Empresas, certificado ASQ Six Sigma Black Belt y Auditor Líder INTECO en Sistemas de Gestión ISO 9001 y 14001. Actualmente, Gestor de Excelencia Operacional de la empresa de jugos tropicales DEL ORO S.A: en Costa Rica, más de 8 años en la manufactura de alimentos y jugos tropicales, más de 4 años en la fabricación de conductores eléctricos, más de 4 años en área de procesos de negocios financieros, más de 3 años en el área de servicios y mantenimiento de hospitales y clínicas, y dos años en la educación universitaria. Todos dedicados a mejorar la calidad de los procesos y operaciones de manufactura y servicios.

www.ingramcontent.com/pod-product-compliance
Lightning Source LLC
Chambersburg PA
CBHW061237180526
45170CB00003B/1341